Gary S. Daniel
Foutbòl lavi 2 a 1

Life Soccer 2 to 1
Pwezigòl / Poetrygoal

Trilingual Press

PO Box 391206
Cambridge, MA 02139
Tel. 617-331-2269
E-mail: trilingualpress@tanbou.com

Konpozisyon tipografik / Graphic design:
David Henry, www.davidphenry.com

Atis ki fè desen kouvèti a / Cover drawing artist:
Lusena Olciné

ISBN 13: 978-1-936431-39-7
ISBN 10: 1-936431-39-4
Library of Congress Control Number: 2021947435

Printed in the United States
Enprime nan Etazini

First edition / Premye edisyon :
October / Oktòb 2021

Gary S. Daniel

Foutbòl lavi 2 a 1

★★★

Life Soccer 2 to 1

Pwezigòl / Poetrygoal

Trilingual Press, Cambridge, Massachusetts

Trilingual Press Notice: The author says he wants to respect the original orthography that Dr. Ernst Mirville used in the preface but that he himself uses the orthography that the Haitian Creole Academy (AKA) recommends.

Notifikasyon Trilingual Press: Otè a di li vle respekte òtograf orijinal Doktè Ernst Mirville anplwaye nan prefas la, men li limenm itilize òtograj Akademi Kreyòl Ayisyen an (AKA) rekòmande a.

Yon powèm pou Maradona
A poem for Maradona (1960–2020)

Diego (4-2-4)

souf balon won ou
chire filè
sou gazon vè lemonn
(pa te gen VAR nan tan misye)

Diego (4-2-4)

the breath of your round ball
tears up the net
on world green lawn
(there was no VAR during his time) *

---

* VAR = Video Assistant Referee / Videyo Abit Asistan
oswa Videyo Abit Revizè

M ap pwofite remèsye Patrick Sylvain pou asistans li nan ede m rann «Pwezigòl» pi klè pou lektè yo.

I take this opportunity to thank Patrick Sylvain for his assistance in helping me make "Poetrygoal" clearer for the readers.

Alapapòt

Chak jou ki leve sou latè mennen chalbari pa li.

Nan mitan chalbari sa yo anpil ti bebe fèt e se konsa noumenm Ayisyen mete sou latè anprent pa nou tou depi lè nasyon an te kreye. Gen moun jouk konnyè a ki trennen lide ke se lenpètinans koupetètboulekay la jiskaprezan pèp ayisyen an ap peye. Se dwa yo. Men etandone nan :

Vèvè (3-4-2-1)

langaj pa m
sànpawè yo sere tras
miwa nanm
limanite

Mwen pa chite youn fwa menm pou ta ba moùn sa yo atansyon paske si se ta laverite.

Chalè (2-2-3-3)

nikleyè koripsyon (t ap toujou)
kabonize lespri
ak gangrenn lemwa
pou bèkèkè lekzistans

Tout pèp ki sou latè. Konsa lavi a pa ta gen sans.

Antanke pèp "*granmoùn*" se noumenm ki reskonsab lekzistans nou lanvè kon landwat. Se pou nou toujou di tankou Moriso Lewa te di li a : "Mèsi papa Desalin"; "Blan pa pran pòtre m" e san fè gwo kòlèt ni bat tonmak nou : "Blan kite m mouri grangou…"

Konsa nou va pran reskonsabilite nou antanke pèp djanm pou n jwe "foutbòl lavi" a.

Ak anpil jevrin benzoliv nou va natirèlman bouske lavi.

—*Gary S. Daniel*, Nèg Gonbolyen

Introduction

Each day brings its load of turmoil.

Amid the chaos, Haitians dare despite apparently insurmountable odds. Newborns still stamp this earth since the creation of this new nation. Some still believe that we were too irreverent and too ambitious with our strategy of «*koupe tèt boule kay*,»[1] for which we are still paying a heavy historical price. They have the right to their opinion.

In the meantime:

Vèvè (3-4-2-1)

my native tongue
ancestors' hidden soul script
humanity mirror
image

I do not bother paying any attention to those folks, because the truth triumphs always.

Hot (2-2-3-3)

corruption nuclei (would have always)
carbonized spirit
with gangrened ego
to destroy living

Every nation on earth. Thus, life is rendered meaningless.

As a sovereign people, we are capable of self-determination in every aspect of our lives. Like Félix

---

1. «*Koupe tèt, boule kay*», "Cut off the head, burn down the house" was the revolutionary motto of Jean-Jacques Dessalines, warrior-leader of the Haitian Revolution.

Morisseau-Leroy, we say: "Thank you, Papa Dessalines!"; "White man, do not photograph me!" And with humble pride, we add: "Let me starve to death rather than..."

That way, we will determine our course as proud people playing this "soccer game of life."

Drawing on the energy from, *moringa*, our ancestral roots, we shall find our way naturally to the existence of harmony and success.

—*Gary S. Daniel* Nèg, Gonbolyen (Okraland Man)

Oun ti batbouch pou salye youn jwèt serye

Sa youn powèt ye ?

Kritikè fè konnen youn powèt toutbon s'oun ti-Bondye. Kivedi youn powèt ki pa vini avèk sipekeryen kèk kreyasyon orijinal, li manke sou atiyorit pwezi-l. Gary, Nèg Gonbolyen, lan manje kalalou gonbo ganlè ta tonbe s'oun sous enèji natirèl san parèy. Gonbolyen jwenn bon jan jèvrin pou l pouse youn dezyèm pitit foutbòl lavi.

Pwezi kwaze ak jwèt foutbòl

Gary Daniel fè lapwezi tounen youn jwèt foutbòl. Oun jwèt k-ap kwaze nepe avèk lavi. Youn jwèt ki pa lan jwèt. Oun jwèt serye kote li grenpe sou pyebwa-lavi epi etidye lavi fèy pa fèy. Fèy k-ap boujonnen. Fèy byen vèt ki fini devlope. Fèy ki mouri, men powèt la baleyo epi sanble yo lan rasin plim ni, lan chache founi lavi plis fòs pou l kontinye donnen.

Émile Roumer ak Gonbolyen

Kite kantik pran priyè. Fòmil balansman fraz-pwezi Nèg Gonbolyen-an raple ritmik oun lòt grandèt lan pwezi sètadi Emile Roumer. Pyetay fraz-pwezi Gonbolyen yo kotoye liy pwezi "Rosaire Courounne Sonnets" Emile Roumer a. Emile Roumer Nèg Jeremi ki konn desann tonmtonm san kraze, t-ap grennen chaplè san kanpo. Avèk lafawa youn jenn anfannkè l-ap mande entèsesyon Lavyèj Mari. Kanta powèt foutbòl la, avèk fyète rejyonalis oun NègGranNò li tranpe plim li lan enspirasyon san parèy Wa Anri Kristòf. Sèke Gari ap jwe youn match final l'oun chanpyona entènasyonal. Ti kouzen jèmen Henri-Claude Daniel la, kisa l bezwen ?

Se rale zèlkat teknik, drible sou teren lan bouk, teren lavil, teren limanite : pete zizye filè lavi. Genyen klè kou klèsin san lese mwenn ti jwen pou kontestasyon ni diskisyon osnon pale anpil. Genyen ki rele genyen, pwen boul… San pwolongasyon. San choute penalite. Ala youn Nèg sā papa, se Gary Daniel, Nèg Gonbolyen ensikoni.

—*Doktè Ernst Mirville* Vilaj El Portal, Miyami 06/11/2015

An Introduction to a Serious Game of Life

What is a poet?

The critics have equated the true poet to a semi-god. This implies that if one is lacking in original creations, the poetic artillery is meager. Our very own Neg Gonbolyen, Gary, feasting on *kalalou gombo*, seems to have discovered a source of natural energy. Gonbolyen's poetic inspiration gives birth to a second installment of "foutbòl lavi."[2]

The intersection of Poetry and Football

Gary S. Daniel turns traditional poetry into a game of football. A game that mirrors life itself. A very serious game. One that requires him to climb on high to study life in all its nuances and complexities. Life in its inception. Life as its apex. A lifeless life. All forms of life as assembled by the poet who has the gift of conveying immortality.

Gonbolyen meets Émile Roumer

Under closer examination, one discovers the rhythmic similarities in the poetry of Neg Gonbolyen and that of Émile Roumer[3]. Gonbolyen uses a poetic meter reminiscent of Roumer's "Rosaire Courounne" sonnets.[4] One knows of the unique talents embodied in this great poet from Jérémie. Almost like a choirboy, Roumer implores the Virgin Mary to intercede on behalf of

---

2. (English, "Soccer Life")
3. Émile Roumer, Haitian poet 1903–1988, wrote mostly satirical poems and poems dealing with love and nature, and espoused writing poetry in Haitian Creole.
4. Rosaire Couronne Sonnets, 1964

our Haïti Chérie. Our poet of football, hailing from the northern regions, draws his inspiration from the Great Builder, King Henry Christophe. Gary is playing in the grand finale of an international championship. What does he want, this cousin of Henri-Claude Daniel? He uses all technical aspects of writing to emulate a dribble on the football pitch and adapt them to the game of life, sophisticated life, simple life, humanity: he aims to score.

Some games are won: no questions, no overtime, no penalty kicks, no sudden death. Gary S. Daniel: what an amazing fellow!

—*Dr. Ernst Mirville* MD Vilaj El Portal, Miyami 06/11/2015

Pwezigòl

Ti istwa Pwezi Foutbòl

Nan ane swasannkatòz, seleksyon nasyonal foutbòl ayisyen an te klase pou li te patisipe nan koup mondyal ki te fèt nan peyi Almay. Se te pou premyefwa Ayiti t ape patisipe nan koup mondyal nan tout istwa li kòm nanchon. Se yon lajwa klè, imakile ki rete anchouke jiskaprezan nan kè premye repiblik nwa a.

Antanke espò nasyonal, foutbòl ponyen tout klas sosyal anndan peyi a. Konsa mwen grandi nan mitan yon lafanmi kote depi ti katkat mwen ap adore tonton mwen ak kanmarad mwen yo k ap choute boul, tout kalite boul: boul chosèt, boul plastik, boul kawoutchou, boul eponj, menm grenn zaboka. Sou tout teren nou ka wè timoun kon granmoun ape choute boul sa yo depannde nivo ak kategori sosyal yo. Lè pa genyen anyen pou choute ankò, alòs se tèt bouchon kola ki te sèvi pou nou jwe kanivo.

Foutbòl make tout lavi mwen. Lè se pa nan lakou, se sou gran teren: teren gazon dore, teren an wòch, alewè pou tè tif menm. Lè pa genyen gran teren se lari a nou okipe. Mwen pa te janmen rate yon envitasyon pou mwen jwe boul. Se konsa, nan Ri 19, sou kote kay frè yo (Frère de l'Instruction Chrétienne, FIC), pandan yon chanpyona katye, bra gòch mwen te kase twa kote. Sa pa te sifi, paske nan apre papa mwen te pase mwen yon rakle mwen pa janmè bliye, pou jwe nan lari. Malgresa, malgré sa mwen te toujou kontinye jwe jwèt sa a. Konsa si mwen p ape jwe ak granfrè m nan, se ak kanmarad mwen yo m ap choute boul, jwe kanivo. Genyen kanmarad, mwen pa fouti bliye, tankou: Ti Robiya, Tinòk ak Fannto…

Dènye souvni mwen sou yon teren, se yon zòbòy mwen te pran ki fè mwen pèdi fonksyònman jenou gòch mwen. Sa te pase pansant yon final sou Channmas, kote yo bati swadizan kolizeyòm nan, bò Lopital Jistiyen, nan vil Okap. Poutan mwen pa janmen sispan dòmireve wè mwen sou yon teren foutbòl.

Santiman mwen pou foutbòl pa janmen sistann boukannen nanm mwen sou twa pye dife lavi. Se nan chache twou lonbrit foumifou lakonesans, vivasyon boul chosèt woule sèvèl kreyativite mwen. Souf nan fondas mounite kèr anm ban mwen ase langaj pou mwen sa pentire nwa sou blan pawoli lanng manmanm nan, mete koulè sou mo, Pwezi Foutbòl vin wè jou. Atizay foutbòl la se lè wou kapab leve li nan nivo pou jwenn ladrès pwezi a… pou yon lòt kreyolizay.

Soti diznèfsan karant pou rive diznèfsan katrevende, se pa ti lank ki pa koule nan zafè literati kreyòl la, literati ayisyen an. Anpil souf tou antere, paske bobo kreyòl la se takle anpil pwoblém sosyal. Koumanse ak Mouvman Kreyòl, nan vizyon epi misyon nèg konsekan, tankou "Doktè Ernst Miville" (alyas Pyè Banbou), "Willer Denis" (alyas Jan Mapou), défen "Henri-Claude Daniel" (alyas Jan Tanbou), defen "Émile Céléstin Megie" (alyas Togiram), "Robert Beauduy" (alyas Loko Basiye), Manno Ejèn (alyas Papiyon Nwa), defen "Mercedès Guignard" (alyas Deyita), epi yon Ralba, yon Pyè Legba, pou mwen sa rive jwenn yon bann ak yon tralye lòt vannyan ankò, literati Kreyòl Ayisyen an t ape nan pasay jiskaprezan, akouchman an pa t ap janmen fasil. Sitou, lò sosyalman, ayè kon jodi, lakonesans se mach pye sa ta ye, pou lanng lan ta rive nan tan flerizman li, pou nou ta plezire tout bèlte lide marasa kote mounite nou plante natirèlman jounen jodi.

Vle pa vle, yon digdal bèl pwezi ape pote lanmou, fristrasyon, lit kont lamizè, kont lavant, kont grangou nan vant, kont maltretans yon sosyete, lit kont abi ak divizyon nanchon an ki pa janmen sispann. Se nan lizyè kote tout kout plim mesyedam Sosyete Koukouy (branch literèsa Mouvman Kreyòl la), youm plimeyank ak powèt ki akouche plizyè estil pwezi k ape miwate nanm nanchon an.

Se konsa anndan Sosyete Koukouy nou kapab jwenn divès tandans pwezi ki pran diferan fòm.

Tandans powetik nan Sosyete Koukouy

Daprè yon etid ak rechèch Jean-Robert Placide, nou kapab jwenn plis pase yon douzèn fòm pwezi ki devlope nan Sosyete Koukouy konsa, tankou: « Pwezi ritmik » (Pyè Banbou). « Pwezigram » (Jan mapou). « Pwezi matematik, ekwasyon pwetik ak fòmil matematik » (Josaphat Robert Large), « Pwezi zwing » (Louis Dorcely), « Pwezi anwoule » (Manno Ejèn), « Pwezi fantezi » (Jan Mapou, Frantz 'Kiki' Wainwright, Janjan Désiré), « Pwezi wongòl » (Banbou, Raoul Denis, Robert Beauduy, Manno). « Pwezi fragmante ou Pwezi lanvè-landwat » (Robert Durandisse), « Pwezi litani » (Frantz 'Kiki' Wainwright). « Pwezi lomeyans » (Kesler Brezo), « Pwezi lamantasyon, Pwezi pwent, Pwezi sonò onomatope » (Kesler Brezo, Frantz 'Kiki' Wainwright), "Pwezi kaligram"… Men alaverite, sous enspirasyon tout powèt sa yo se nan manman.

Se konsa "Pwezigòl" la vini yonn nan nouvo fòm pwezi ki pwente anndan Sosyete Koukouy.

Kisa "Pwezigòl" la ye?

"Pwezigòl" se yon pwezi kote mo osinon silab yo ap jwe antreyo sou teren papye a an fòmasyon ekip foutbòl kote tit la sèvi gadyen. Tit pwezi a se li ki gadyen ekip la, plis dis lòt jwè pou fè yon total onz mo osinon silab ki plase nan fòmasyon yon ekip foutbòl. Depandan taktik jwèt la, yon moun kapab pote jijman nan nivo santiman k ap degaje anndan powèm lan. Nan powèm sa yo genyen kote se silab yo k ap jwe jwèt lan, epi yon lòt kote se mo yo ki jwè yo.

Se depi nan piblikasyon « Litani pou Woz apre Vwayaj nan Peyi Gonbolyen » (Kopivit Laksyon Sosyal, Lane 2018) powèt la te anonse fòm pwezi foutbòl la, nan powèm sila a:

Espri (Ye) (4-2-4)
Mwen pa pè Sam
ak zam
men Sam san zam.
« Litani pou Woz apre Vwayaj nan Peyi Gonbolyen » (2018).

Nèg Gonbolyen (NG), non plim powèt la te défini teknik ekip la ak sou pozisyon jwè yo. Pa ekzanp, nou jwenn 4 silab pou defans, 2 silab pou mitan pwezi (teren) a epi 4 silab alatak.

Konsa tou, nan « Foutbòl Lavi 2 a 1 » nan powèm « Ekzalte » a, nou jwenn nan fòmasyon, olye se silab yo, se mo yo powèt la fè jwe:

Ekzalte (3-4-3)
priyèr anm monte
kon lafimen lansan pè
detounen movezè malè.

La a, lektè a kapab jwi souf powèt la nan fason mo yo kanpe sou fèy papye a. Nan teknik 3-4-3 a tit "Ekzalte" a deja ban nou kouman pozisyon lide a janbe nanm li, kote mo yo kanpe ap layite ekzakteman sa ki rive a. Lè lapriyè a ap fèt, se nan mitan teren an tout aksyon yo dewoule ki pèmèt atakan yo make gòl.

Kòm nou kapab wè li, powèt la sèvi avèk rim yo pou li kabre, drible, trible nan tout kò powèm lan. Pa ekzanp nan « Espri », se son « am » lan ki an aksyon epi, nan « Ekzalte » se son « è » a k ape boloze.

Konsa, sou teren lavi a, nou tout ap jwe foutbòl. Nou tout ap jwe pou genyen. Si pa malchans tankou foutbòl sou teren mezire a, match la ta fini zewo a zewo, lavi a pa ta ka gen sans alòs fòk gen yon pèdan osinon yon ganyan. Poutan tèlman teren lavi a gen loray gwonde ak solèy klere, jwè yo sou teren an, espektatè yo nan graden an tankou nan bwat prive yo ap jwi match lekzistans kit li rich, kit li pòv. Bèlte ak sansibilite vini yon ekzèsis wòdpòt nan yon lespri atistik pou yon kreyolizay, chakfwa powèt la dwete miwatay emosyonèl mounite l ki kache anndan kapsil souf pawoli a. Nenpòt reyaksyon zòbòy se yon gòl. Depi wou genyen souf, w ape viv, w ape jwe jwèt lavi a.

Kote gòl la!

Nenpòt aksyon osinon reyaksyon ki fèt nan lekzistans moun se anprent lavi vle pa vle a ki make. Nan souvnans lekzistans mounite, lòm tout pwen kole trase, an zigzag osinon liy dwat fason entèpretasyon imaj la frappe mak santiman ki kache nan so lavi.

Lavi a toujou pote laviktwa sou lekzistans, piske chak match trennen rèl vwa chanpyona lasivivans lan.

Men, kote abit la?

Tout moun, espektatè tankou mèt boul la, san nou pa bliye kreyatè foutbòl lavi a, tankou lanmò san Videyo Abit Revize, "VAR" pote souflèt la sou teren lavi a. Poutan nan reyalite jwèt la tankou nan foutbòl sou teren lavi a nou frape ak règ jwèt la ak kat jòn, kat wouj ak atwoutsay powetik.

Règ pwensipal jwèt la se kat jòn, kat wouj, touch, kònè, awoutsay *powetik*.

Patisipan nan jwèt la se Otè a, Abit la, Jijdetouch yo, Espektatè

Teren: Fèy papye a

Kat *Jòn* powetik se lè li ta posib pou gen repetisyon yon mo men li pa rekòmande nan pwezigòl pou gadyen an deplase nan kan an.

Kat *Wouj* powetik se eliminasyon tout fòm pwezi kontanporen, Fransè, Ilandè, Italyen, Japonè, Espanyòl, Galwa, Elatriye tankou: Akwostich – Sonè – Kouplè – Katren – Rondo (15 liy) – Rondèl (13 liy) – Rondin (12 liy rim ak refren) – Triyolè (8 liy) – Kwentèt (5 liy) – Ayikou (5-7-5) Silab

Touch powetik kapab fèt pandan jwèt la ap jwe tankou:

a) se lè anndan powèm lan powèt la itilize tit yon fòm kout (pwent, zwing) pou l rive filange imajinè espektatè a. Ki vle di itilize yon estil anndan yon lòt fòm kout powetik pou choute sou kan an.

an) Se lè tit la pote lide siyifikasyon dèyè yon powèm silabik ak yon mo. Powèm An an ibrid (Silabik epi mo)

Men 2 ekzanp kote touch la vizib:

A	An
chout (3-3-3-1)	**Lespri (YE) (4-2-4)**
pwent wongòl parabolik	m pa pè Sam
pawoli andaki zwinge	ak zam
sou teren konbatif	men Sam san zam
Ayiti	

Kònè powetik se itilizasyon siy matematik pou fè pase lide nan yon pwezigòl

Mizik (2-4-4)

$\sqrt{}$ lakay

+ mate konpa ∞

< lespwa vòlò toufe

Kisa yon atwoutsay powetik ye?

Nan premye Rezolisyon Akademi Kreyòl Ayisyen an li posib pou n ekri yon konsòn pou kont li, sa se lè li se fòm kout yon mo endepandan. Epi, selon pratik règleman òtograf jeneralize a kote yon mo endepandan retresi touen yon konsòn, nou ekri konsòn nan kanpe poukont li. Kòm egzanp, nan:

                   Ranmase (4-2-4)
                   Souke pye lanmour *anm* (1)
Bidip bidip… Bip (2)
                   Panyen *kèw* twò piti (3)

Nan Foutbòl lavi, nou pran yon libète powetik pou nou deklare mo konsòn sa yo « awoutsay » paske règleman fonetik lanng kreyòl la oblije yo kole sou yon vwayèl : swa nan pozisyon « koda » silab ki agoch la, swa nan pozisyon « atak » silab ki adwat la. Konsa, aloral, mo konsòn sa yo pèdi endepandans yo epi yo vin ranfòse mo yo entegre a. Se poutèt sa, nan lekti powèm nan, mo konsòn (m) ak mo konsòn (w) pa jwè (mo) endepandan. Ositou, nan powèm Ranmase a, premye ak twazyèm liy nan gen 4 mo oubyen 4 jwè.

    Yon lòt egzanp:

                   polivize (4-3-3)
                   Yo *wèw* wè yo (1)
                   Kenbe pa lage (2)
                   Anba *yap* tann (3)

Nan premye liy powèm nan, mo konsòn (w) a awoutsay epi nou gen 4 mo, sètadi 4 jwè. Nan twazyèm liy nan, mo konsòn (y) la awoutsay, sa lakoz nou gen 3 mo.

    Abit match la se otè a e espektatè kit nan graden an, kit nan seksyon TEM (Trè Enpòtan Moun) ki se tout lektè ki kenbe liv foutbòl lavi a nan men yo. San nou pa bliye jijdeliy jwèt la ki se ponktyasyon k ap veye pou ton ak tan nan filasyon lide powèt la ta renmen friz nan imajinasyon lektè.

Se konsa, nan chak powèm, powèt la fè mesaj la pase. Boul la se sijè k rive tanpe konpreyansyon lektè a, se tematik lekzistansyèl sou teren foutbòl lavi a. E kèlkelanswa santiman k ap janbe, maltrete, karese, boule mounite powèt la, li layite yo nan 11 mo osinon 11 silab sou teren lavi a.

Nan pwezigòl nou jwe mo yo osinon silab yo tankou Tonmpous (Jean Claude Désir) osinon Filipvòb (Philippe Vorbe) pou sèten boul la pèse filè imajinasyon lektè a.

Lodè (4-2-4)

souf	granbwa	boule	rapyetè
	sant	lafimen	
kadav	kè	bloke	mwen

—*Gary S. Daniel,* **Nèg Gonbolyen**

Life Soccer Game 2 to 1

Soccer Poetry

A short story of Poetry Soccer

In 1974, the Haitian National team was selected to participate in the Soccer World Cup held in Germany. It was the first time that Haïti participated in the worldwide championship. It was unparalleled joy that still remains in the heart of the first black republic.

As a national sport, soccer brings all social classes within the country together. As a young child, I aspired to play soccer like my uncle and my classmates. I wanted to kick soccer balls of any kind: sock ball, plastic ball, rubber ball, sponge ball, even avocado seeds. On all grounds, we can see children and adults kicked these balls depending on their level and social status. When there is nothing left to kick, then there was always the lid of the cola bottle to play the sewer hole game.

Soccer shapes my whole life. When it's not in our yard, we would play on rocky terrain, grassy lawn regardless of the condition. When it is impossible to play anywhere, we played in the street, braving cars and hurried pedestrians. I never missed an invitation to play ball. So, on 19 Street, near *Frère de l'Instruction Chrétienne, FIC*, a parochial school, I broke my left arm in three places during a neighborhood championship game. That was not the worst, because of the accident my dad gave me a spanking I never forget. Despite that, I continued to play the game. If I am not playing with my older brother, it's with my neighborhood friends that I will play soccer or sewer hole game. There are mates I cannot forget like *Ti Robiya, Tinòk and Fannto…*

My last memory on the field was a blow that I received on my left knee which resulted in the loss of permanent range of motion of that leg. This happened during a championship final game on *"Channmas"*, where the so-called Coliseum, next to the Justinian Hospital, was built. Yet I never suspected foul play or not playing soccer again.

My feelings for soccer never cease to smolder like live fire. It took a lot of introspection and acceptance to give up the game that I love because of my physical limitations, but it will always have a home in my heart. Breath of love for humanity within my soul pushes me to use my mother's tongue to paint black and white and colorful words for the birth of Soccer Poetry. The art of soccer is when you can level it up so much with skills of poetry for a new creole renaissance.

From 1940 to 1980 a lot of publication has seen the day into the Haitian literature using the Creole language. The Haitian literature had been prominently published in Haitian Creole. Many people have been, left behind because of language barrier so using the Creole language universally will bridge the gap in the Haitian social divide. Starting with the Creole Movement, in the vision and mission of subsequent writers such as Dr. Ernst Mirville (alias Pyè Banbou), "Willer Denis" (alias Jan Mapou), defunct "Henri-Claude Daniel" (alias Jan Tanbou), defunct "Émile Celestin Megie"(alias Togiram),"Robert Beauduy"(alias Loko Basiye), Manno Ejen (alias Papiyon Nwa), defunct "Mercedès Guignard"(alias Deyita), Dr Serge François (alias Ralba, and Emile Jules (alias Pyè Legba), for me the well dedicated and a horde of other pioneers, Haitian Creole literature has been on the rise so far, and delivery has never been so easy.

Above all, at this time socially, knowledge/education is a step ladder for some to reach success through the common language that unites us all. Whether it's acknowledged or not, a lot of the beautiful poems bring love, frustration, fight against poverty, against human trafficking, against hunger, abuse and the division within a nation that never stops. It is in the vein of the superb writing of the men and women of Firefly Society (the literary branch of the Creole Movement), a large group of writers and poets who gave birth to various styles of poetry adding to the group, a writer, a poet, the Oakraland Guy who with his style mirrors the soul of a nation.

Poetic tendencies within the Firefly Society

According to studies and researches by Jean-Robert Placide, more than a dozen forms of poetry developed by the Firefly Society' writers can be found, such as: "Rhythmic Poetry" (Dr. Ernst Mirville aka Pyè Banbou), "Poesigram" (Jean Marie Willer Denis aka Jan Mapou), "Mathematical Poetry, Practical Equations and Mathematical Formulas" (Josaphat Robert Large), "Zwing Poetry" (Louis Dorcely aka DD), "Rolled Poetry" (Manno Ejèn), "Fantasy Poetry" (Jan Mapou, Frantz "Kiki" Wainwright, Jean-Jean Désiré), "Wongòl Poetry" (Pyè Banbou, Raoul Denis, Robert Bauduy, Manno Ejèn), "Fragmented Poetry" or "Reverse Poetry" (Henri Robert Durandisse), "Litany Poetry" (Frantz "Kiki" Wainwright), " Poetry of Homage" (Kesler Brezo), "Poetry of Lamentation, Poetry of Point, Poetry of sound onomatopoeia"(Kesler Brezo, Frantz "Kiki" Wainwright), "Poetry of Calligram"… But really, the source of inspiration for all these poets is in the belly of their Cultural Motherland that one must looks for first of all.

Thus *"Poeticgoal"* has become one of the new forms of poetry that is rooted within the Firefly Society.

What is "Poeticgoal"?

"Poeticgol" is a series of poems derived from a variety of positions, such as the formation of a soccer team on the pitch. The title of the poem is the keeper and then other players to make a total of eleven words or syllables placed in the formation of a soccer team. Depending on the tactic of the play or game, one can bring justice to the level of feelings that are unleashed inside the poem. In these poems, syllables are playing the game, and elsewhere the words are players. The art of poetic soccer is to be able to rise the game at the level of playing poetically with words.

Since the publication of "Litani pou Rose apre yon Vwayaj nan Peyi Gonbolyen / Litany for Rose after a Trip to Okraland" (Kopivit / Laksyon Sosyal), the poet, Gary S Daniel, has announced the form of soccer poetry, in the following poem:

Spirit (Ye) (4-2-4)
afraid not of Sam
with weapons
but Sam without weapons

Okraland Guy, the poet's pen name defined the team's technique and player position. For example, we find 4 syllables for defense, 2 syllables for poetry (strip) and 4 syllables. (In creole the syllable is respected)

Similarly, in "Life Soccer Game 2 to 1" in (page) the poem "Exalted," we find in training, rather than syllables, words the poet plays with:

Exalted (3-4-3)
prayers rise for
air incensed scared evil
doers deadly hijacked

Here the reader can enjoy the poet's breath in the way words stand on the page. In the technique stand (3-4-3) the title "Exalted" already gives us how the position of the mindset has crossed its soul, where the standing words will lay exactly what has happened. When the prayer takes place, all actions are carried out in the middle of the field, allowing strikers to score goals.

As we can see, the poet uses the rhymes to fit, dribble, ripple throughout the body of the poem, for example, in "Spirit", the sound of "am" is in action, and in "Exalt" it is the sound of "air" that is boiling.

So, on the pitch of life, we are all playing soccer. We are playing to win. If no luck like soccer on the field, the match would end nil, life would not make sense then there would be a loser or a winner. Yet with so much life on earth, with thunder and bright sunshine, players on the field, spectators in the stands and private boxes will enjoy the existence of rich or poor. Beauty and tenderness come as a vigorous exercise in an artistic form hidden inside the capsule of speech. Any kick reaction of the toes is a goal. Since you have breath, you live and you play the game of life.

Where is the goal?

Any kick, bad or good, is a goal scored. Any action or reaction that occurs in human existence is the imprint of the unwanted life mark. Life always brings victory, as each match screams the voice of the winning champion.

Life has always won the game of survival since each life sequences brings its own wave of pain and joy.

And where is the ball?

In every single one of the poems, the poet brings a message. The ball is the subject which hits the reader, the thematic addressed on the soccer field of life. And whatever feelings are being transmitted, mistreated, caressed, burned by the poet's humanity, he lays them down in 11 words or 11 syllables in the realm of life.

But where is the referee?

The referee of the match is the author and the spectators both in the stands with the VIP (Very Important People) section, who are all readers who hold life soccer book in their hands. Not to mention the game side referees which is punctuation watching for tone and time of spinning the poet's mind would like to sharpen in the reader's imagination.

So, in each poem, the poet swings (slips) a message. The ball is a subject that strikes the reader's understanding, the existential theme of the soccer field of life.

The game's main rules are: yellow card, red card, ball out of the playing field, corner kick, off side poetic.

Participants in the game are the author, the referee, the assistant referees; the spectators are the readers, and the field of play is the sheet of paper. Everyone, spectators like the master of the ball, not to mention the creator of soccer of life, like death without "VAR"* brings the blow to the field of life. Yet in the game's reality as in soccer on the field of life, we are hit with the game's rules such as yellow cards, red cards, and poetic tools.

Principal rules of the game.

Participants in the game are the author, the referee, the assistant referees; the spectators are the readers, and the field of play is the sheet of paper.

Poetic yellow card is when it would be possible to have the repetition of a word in a poem, but not recommended that the goal keeper, the poem's title, to leave the post.

Poetic red card is the elimination of all forms of contemporary poetry, French, Irish, Italian, Japanese, Spanish, Galls, …etc, like Acoustics – Sonnets – Verses – Quatrains – Rondo (15 lines) – Round (13 lines) – Rondine (12 lines Rhymes and Choruses) – Trio (8 lines) – Quintet (5 lines) – Haïku (5-7-5 Syllables).

Poetic touch can be performed during the game:

A. It is when inside the poem the poet uses the title of a short form of (Point, Swing) to reach the reader's imagination. Which means using a style of poetry inside another short poetic form to kick on the keeper of the post.

B. It is when the title brings the idea of meaning behind a syllabic or word poem. Poem B is hybrid, that is, it is made of syllables and words at the same time.

The followings are two examples:

A	**B**
Shot (3-3-4)	Spirit (Ye) (4-2-4)
Parabolic rod tip	afraid not of Sam
swinging hidden meanings	with weapons
on Ayiti as battlefield	but Sam without weapons

Poetic cornering is the use of mathematical signs to pass ideas through a *Poeticgoal*.

music (2-4-4)
$\sqrt{}$ home
\+ plays Compas ∞
\> hope steals suffocation

What is a poetic outside?

In the first Resolution of the Creole Academy, it is possible to write a consonant alone when it is the short form of an independent word. And, according to the practice of generalized spelling rules where an independent word shrinks into (absorbs by) a consonant, we write the consonant to stand alone. For example, in:

Collect (4-2-4)
shaking tree of love (1)
Bidip bidip... Bip (2)
basket too small (3)

In Soccer Life, we take poetic freedom to declare the consonant words "offside/outside" because the phonetic rules of the Creole language are required to be affixed to a vowel: either in the position of the left syllable "coda", or in the position of the right syllable "attack". Thus, in consonance, these consonant words lose their independence and become reinforced. Therefore, in reading the poem, the word consonant (m) and consonant word (w) by the player (word) are independent. Also, in the "pick up" poem, the first and third lines have 4 words or 4 players. Another example:

Target (4-3-3)
they clearly see you (1)
give up not (2)
at bottom they're waiting. (3)

In the first line of the poem, the word consonant is offside and we have 4 words, namely 4 players. In the third line, the word consonant (y) is offside, which causes us to have 3 words. In the prologue the writer plays with words or syllables like *Tonmpous (Jean Claude Désir)* and *Filipvòb (Philippe Vorbe)* would do to make sure that the soccer ball pierces the net of the reader's imagination.

Odor (4-2-4)

Tree	breath	burns	rapier
smoke		smell	
stopped	heart	cold	instantly

—*Gary S. Daniel,* **Ocraland Guy**

Foutbòl lavi 2 a 1

★★★

Life Soccer 2 to 1

Ranmase (4-2-4)
souke pye lanmour anm
bidip bidip... Bip
panyen kè w twò piti

Stockpiling (4-2-4)
shake my loving tree
beedeep beedeep... beep
lover's bag too small

Ekzalte (3-4-3)
priyèr anm monte
kon lafimen lansan pè
detounen movezè malè

Exaltation (3-4-3)
prayers' devotion up
like priest altar incense
divert bad spirit

Tristès (3-4-3)
deprimen deplimen detounen
kèsere mizerab boulvèse sanzespwa
agoni ebete antere

Sadness (3-4-3)
depress pluck deflect
heartfelt misery upsets hopeless,
agony dummy buried

Malalèz (1-4-4-1)
doudous
boulpik fanm deyò jwe
fwèt asire madanm klete
divòsèy

Uneasiness (1-4-4-1)
honey
key pastime mistress plays,
assured lashes Madam uses
divorcing

Lanmou (4-2-4)
maryaj sekirite seksyèl amoni
selebrasyon lavi
asirans dekouvèt lespwa jodi

        Lovemaking (4-2-4)
        harmony security sexual marriage,
        life celebration;
        insurance today hope discovered

Polivize (4-3-3)
yo wè w wè yo
Kenbe pa lage
anba y ap tann

Polieyed (4-3-3)
notice they see you
hold on tight
down they wait

Atakan (3-4-3)
jwe jwèt di
kabre drible pase choute
boulchosèt chire filè

Forwards (3-4-3)
play hard game
avoid dribble pass kick
softball shreds net

Swaf (4-4-2)
tibilans frapman voye ou
dechalbore santiman maskarad fanbrè
san nanm

Thirst (4-4-2)
episodic body hits forces
hatch gigolo's mockery feelings
heartless soul

Koupe (4-3-3)
dwete woule mouye tranpe
rantre goyinen dous
ede fonn bwagayak

                    Score (4-3-3)
                    wet rolling finger deep
                    seesawing in sweet
                    ease cutting hardwood

Degoutans (4-2-4)
kraze brize demantle labèlte
lèzòm anraje
repiyans san limit kètounen

Repugnance (4-2-4)
break crash dismantle beauty
foolish men
heart curdled infinite annoyance

Fyète (3-3-4)
tèt anm byen dwat
tonmak anm anlè bonbe
opa kaporal anm map vanse

        Pride (3-3-4)
        head up straight
        high conceit chest
        on caporal steps forward

Senpa (3-3-4)
fado lavi koryas
mal nan do
savann dyann zanmi ede-m

                Amity (3-3-4)
                life heavy weight
                pain crashing vertebrae
                unexpected friends' help arrived

Amikal (3-4-3)
jwè atè choke
voye boul la touch
abit rele doktè

Friendship (3-4-3)
injured player laid
on pitch without ball
referee calls doctor

Soup (3-4-3)
bon joumou jòn
Legim kawòt navè vyann
bòl anm plen… m gou

Soup (3-4-3)
good yellow squash
veggy carrot turnip meat
full bowl… hungrier

Degou (2-3-3-2)
fyèl pete
jayi gou endezirab
mele jwisans vyann
jennen palèt

Disgust (2-3-3-2)
gall burst
jarring undesirable taste
mixed delicately meat
narrow palette

Fokis (3-4-3)
gade vize choute
pete anvi boulzay dezespwa
sezi rekòt kontantman

                    Focus (3-4-3)
                    see aimed shoot
                    burst eager bullzay despair
                    seize harvest happiness

Mantè (3-4-3)
bèl pawòl kolore
parapli dekouzi politisyen krakè
sounami peyi gonbolyen

Liar (3-4-3)
bold colored words
drugged politicians used umbrella
okraland country's sunami

Filèr (3-3-4)
zikap bèl pawoli
payèt ne wouj
kapsil wòz prizon lanmou

Amore (3-3-4)
cute poetic words,
red knots bow
of love capsule's prison.

Pasyon (3-3-4)
lanmou souse kèr anm
blayi biva santiman-anm
absòbe dènye oksijèn san ranm

        Passion (3-3-4)
        exposed love sucks
        heart's weakness, while
        absorbing last blood O_2.

Optimis (3-3-4)
pèdi souf lanmò
dènye gany mouran
viv viktwa lavi siprann

Optimist (3-3-4)
avoiding last puff,
unique departed conquest
life celebrates with zeal

Remò (3-3-4)
lajenès pase inapèsi
vyeyès espoze demen
nostalji fwajilize anprent lekzistans

        Regret (3-3-4)
        youths are invisible;
        elders expose tomorrow;
        nostalgia weakens living's prints.

Bàz (2-4-4)
fezè pwopagandis
ploton lanng koulèv simayen
pwazon vyolan lasosyete jodi

        Baz (2-4-4)
        propaganda marketers;
        language style today's snakes
        society potent venon today

Poze (3-3-4)
bouske lavi trankilman
rajeni rilaksè senpa
bouste chita konfò kalmeman

                    Pause (3-3-4)
                    work hard softly
                    renew life kindly
                    while comfortably rests retirees

Visye (4-2-4)
niche lanbe kras sòs
bòl emaye
Pa mennen vant plen

Vice (4-2-4)
leak kleen gravy's bowl
porcelain's bottom,
never filled one's belly

Respè (3-4-3)
kwi chavire bridsoukou
antere mouri grangou kanpe
tonbo lavi blanchi

        Respect (3-4-3)
        overturned beggar's bowl
        suddenly buried straight hunger
        whitens life's darkness

Pwòpte (3-3-4)
lave pandye seche
wouze bale ranmase
disparèt salte vwayou sosyal

Cleanliness (3-3-4)
wash hang dry;
watered, bloom, scoop
disappear society's dirt specimen

Zanmi anm (4-2-4)
twa pye dife malè
lannwasè anvayi
Ou sèl kanpe ake m

                         My friend (4-2-4)
                         three legged hell fire;
                         darkness invasion
                         only you by me

Lakou (3-4-3)
piti kon gwo
manman tanbou Ayizan frape
tout moùn danse

Backyard (3-4-3)
big like tiny
ayisan's mother drum beats
everyone's dancing crazy

Bawon (3-4-3)
labanyè refij granparan
lapèsonn fè n pè manyen
nanmèy pa genyen

        Bawon (3-4-3)
        ancestors' last refuge
        others dare us touching
        their souls' missing

Moriso (3-4-3)
mo mele demele
ri li kreyòl lewa
so sovè lakay

Morisseau (3-4-3)
words mixed meaning
hooting for Creole king
enlighten home saving

Pen (3-3-4)
gwo pwès flat
mou fen koryas
agogo toutmoùn dwe jwenn

Bread (3-3-4)
big flat piece,
tender lightly handle;
all should share plenty

Lajan (3-4-3)
papye pyès imajinè
enstriman legal boukantasyon sosyal
destriktè andyable limanite

Money (3-4-3)
imaginary paper piece,
legal social exchange instrument;
world dice destruction

Limyè (3-3-4)
flach natirèl kapsil
lakonesans klete jis
laklate sezi lanwasè lespri

Light (3-3-4)
natural flash capsule,
well-lit jail knowledge
quickly clutching darkness
understanding

Lanng (2-4-3-1)
wout limyè
taptap sezisman kle laklate
lakonesans zetwal lespri
alawonnbadè

Tongue (2-4-3-1)
road light
taptap key light surprise
spirit knowledge star
worldwide

Timoun (3-4-3)
sentete laverite pirifye
frajil sekrè limanite sere
jouk demen tenyen

                        Kids (3-4-3)
                        truth saintly purified
                        fragile humanity hidden secret
                        'till tomorrow dies

Granmoun (3-3-4)
pirifikasyon sentete laverite
tribilasyon lavi pote
sou branka lekzistans limanite

Elder (3-3-4)
truth virgin saint
tribulation life carrier
humanity shoulder hangs on

Lajenès (4-2-4)
biva fòs lide boulvèse
kapòt limanite
jèm kreyòl boustè lekzistans

Youngster (4-2-4)
spongy power tumultuous idea
overpass human
booster creole living gene

Leta (3-3-4)
kagoul lamafia legal
zam lasosyete kanpe
bàz mantè polivize vise

State (3-3-4)
mask mafioso legal
society shaped gun
mount multi-face targeted lie

Ayiti yo di (3-3-4)
bèl zèklè kreyòl
imaj lanmou detounen
rayisman kache zanmi plòtonnen

Haiti they say (3-3-4)
cut creole star
troubled love image
hidden hate friends concocted

Lagè (3-4-3)
anbasadè kri lanmò
konpayon ensekirite lapenn malfagote
trayizon lapè mobilize

        War (3-4-3)
        deaf hell embassy
        buried pain companion tisseeled
        (meaning)
        peace traitor rallied

Wi! Wa! Kenbe…! (3-3-4)
pichon pentad tètkòk
madichon tètzòtèy wòz
mandyange bwadan priyè demen

                        Yes! King! Grab…! (3-3-4)
                        curse guineafowl comb
                        jinx rosy headtoe
                        baffle tomorrow's prayer stick

Replika (2-4-4)
—*pou S. Phelps*
tablo peyi-anm
pa gen bondye blan
men Bondye koulè toutmoùn

Duplicate (2-4-4)
—*for S. Phelps*
country's pic
show no white god
but God's human color

Gannja! (2-4-4)
pale tenten
fè lòbèy malpwòpte pa
dwe fè w prezidan demen

        Gannja! (2-4-4)
        talking gibberish
        invent messy filth not
        must elect tomorrow's president

Miwa (3-4-3)
m pa ou janmen
ni w pap mwen
jodi kon demen

Mirror (3-4-3)
me not you
nor you are me
today like tomorrow

Boulèt (3-3-4)
twou plen pòch anm
anba zàm kowonpi
lemwayis tout pou yo

        Bullet (3-3-4)
        pocket hole full
        of corrupt gung-ho
        reaping all for oneself

Vwa (2-4-4)
baboukète dyòl
+ bòkmayi nan nen
anba l pral pt

Voice (2-4-4)
zipping lips
+ ...corn causing nose plugging
bottom burst is expected

Fèy (3-3-4)
t pa w
pa renmèd malèz
vant mennen w kreye

                      Leaf (3-3-4)
                      your cup of tea
                      not goody med
                      for your induced diarhea

Mizik (2-4-4)
√ lakay
+ mate konpa ∞
> lespwa vòlò toufe

Music (2-4-4)
√ home
+ good Compas ∞
> false stolen hope

Zorye (4-2-4)
tèt repoze lòtbò dlo
flanbe alèji
fo payas plim koton

Pillow (4-2-4)
overseas rest tomorrow's hope
flamed allergy
fake feather mattress cotton

Poulenfimyè (3-3-4)
zèl pye fri
plimay blan ze
kondisyon grenn mayi nèg

Chicnursery (3-3-4)
fryed leg wing
white feathery egg
black corn grain status

Èske n konnen? : 1 (4-3-3)
gen prèt ki fè
pi rèd pase
gangan konpè filo

Do you know?: 1 (4-3-3)
there are priests who
did worse then
father-like houngan Filo

Èske-n konnen? : **2** (4-2-4)
gen pastè ki plante
boutèy abiye
anba chèz tanp li

Do you know?: **2** (4-2-4)
there are pastors planting
dressed bottles
under hotel temple chairs

Èske n konnen? : 3 (4-2-4)
kit se relijyon katolik
kit pwotestan vodoun mizilman
satan toupatou

Do you know?: 3 (4-2-4)
doesn't matter catholic religion
protestant vodhun muslim standing
satan's allover.

Èske-n konnen? : 4 (4-3-3)
relijyon katolik pwotestan mizilman
vodouyizan tout kwè
nan Bondye bon

Do you know?: 4 (4-3-3)
catholic, protestant, muslim religion
voodooist all believe
all in good God

Swente (3-3-1-2-1)
tèt langanm sou
titwou koko ole
tigoutpatigout
peze tete
swafanm

        Leak (2-3-3-2)
        tongue's tip
        coconut small hole
        damps little twist
        thirst's tit

Nòt editè yo

Powèm pi devan an salye memwa e rann omaj ak vanyan Akademisyen e Pwofesè Ernst Mirville, ki mouri jou 8 jen 2021. Pwofesè Mirville ekri prefas liv sa a. Nan yon nòt Fakilte Lengwistik Aplike (FLA) fè sòti pou okazyon an, li di « Fakilte a koube li byen ba pou salye depa gran Mapou sa a e li prezante senpati li bay fanmi, zanmi ak kòlèg Doktè Mirville, an patikilye, kòlèg li nan Akademi Kreyòl Ayisyen e nan Sosyete Koukouy. »

Powèm lan se egalman yon omaj a Henri-Claude Daniel (alyas Jan Tanbou).

Editors' Note

The following poem salutes the memory and pays homage to the courageous Academician and Professor Ernst Mirville, who died on June 8, 2021. Professor Mirville wrote the preface of this book. In a note issued by the Fakilte Lengwistik Aplike (FLA) for the occasion, it said: "The Faculty bows its head very low to greet the departure of this great Mapou and presents its sympathy to the family, friends and colleagues of Dr. Mirville, in particular his colleagues from the Akademi Kreyòl Ayisyen and Sosyete Koukouy.'

The poem is also an homage to Henri-Claude Daniel (a.k.a. Jan Tanbou).

Nan Memwa ak Omaj
◆
In memoriam and homage

Nan gran maten anvan solèy la leve nan dat ki te 7 jen 2021 an, mwen voye yon ti kout je sou selila mwen pou m tyeke konbyen imèl mwen resevwa. Nad marinad! Men apre m fin pran kafe matinal mwen, yon dezyèm tyèk nouvèl lanmò Doktè Ernst Mirville frape zye mwen epi sakaje tankou lam yon blenndè sèvèl mwen pou sakaje lespwi mwen. Mwen chita brip sou sofa a pou kalme lespwi anboulatche m.

    Mwen fini pa reyalize nou tout gen pou janbe kit s on gwo lantouray oswa yon ti bout miray. Mwen fini pa debleye tout sa k t ap toumante lòlòj mwen jiskaske m fini pa santi kouvèti lonbraj grandèt la chita m ladan an ak briz lafrechè son van Tanbou k ap jwe vaksin non sèlman pou m danse men pou tout souf atizay, san bemòl, nan lakou zansèt nou yo.

    Apre m fin soufle lè son pawoli nan yon premye powèm pou Pyè Banbou, mwen detrese nan powèm sa a, « Rara san Banbou ak Tanbou », ribanbèl tresay atizay enfliyans de kreyatè Mouvman Kreyòl la yo sou lekzistans mwen.

    Tanbou ak Banbou mande n kreye pou kreyolizay la donnen epi yo enspire ye lè n pa ta faya!

—*Gary S. Daniel* Nèg Gonbolyen, Sosyete Koukouy, Visprezidan REK, 8 jen 2021

Rara san Banbou ni Tanbou

San Banbou ni Tanbou
Pa gen rara pou mwen

Tout moun ape kriye
Tout moun ape rele
Vanyan yo janbe
Van wouke woukoukou
Yo ale san kenken

Pyè loray k kataye Banbou
Laye kongo
Dangoye nago
Boulaye ibo
Foulaye petwo.

San Banbou ni Tanbou
Pa gen rara

Mouvman Kreyòl Ayisyen
Djayi nan silans rada
Banbou Tanbou
Fòs òganik
Lespri maton a lespwi n a ye

Lonbray Jan Tanbou
Nan senti ladouskivyen
Pawoli woulawoup lekzistans
Liminasyon tètgridap
Layite koulè sou kavo

San Banbou ni Tanbou
Pa gen rara

Nou janbe se vre
Men rasin nou
Trese riban kowkow
Sèpante demen
Nan jaden zansèt yo

Grandèt nou tankou
Mèt Franswa, mèt Tutu,
Ti Montrèy
Nou p ap janmen sispann liminen
Nan fènwa mounite.

San Banbou ni Tanbou
Pa gen rara

Banbou ak tanbou nou se vaksin
Nan zòrèy nanm mwen
Pou souf kreyolizay
Koud frechè ajoupa m
Sou wout lekzistans vanyan mwen.

Pyè poli anetwale
Klète ki liminen lannwasè
Jouk lanjelis mennen solèy
Blayi payèt lotbò lenfini
Pou dèyè pa ni bite ni tonbe.

San Banbou ni Tanbou
Pa gen rara

Ala koze nou koze!
Se pa ti mistè nou pa desounen!
Banbou Tanbou Mapou
Prizon Fò Dimanch
Pa te ka klete souf nou.

Poutan lespwi nou
Lobe nanm move zè
Pou konbit nèg kreyòl
Klise yon lavi miyò
Pou yon keyolizay popilè.
Nou ake m pouletènite

San Banbou ni Tanbou ak Mapou
Pa gen rara pou mwen.

In the early morning of June 7, 2021, I glanced at my cell phone before sunrise to check how many e-mails I had received. None whatsoever! But a second check after I had my morning coffee, the news about the death of Doctor Ernst Mirville hit my eyes and shook my brain like the blade of a blinder wiping it to sack my mind. I sat down on the sofa to recoup my senses.

I end up realizing that we all have to cross over, whether it's a big fence or a short wall. I remember everything that we have reminisced about until I feel the shadow of the older man and the cool breeze of the sound of the wind of our ancestors.

After puffing out a first poem for Pyè Banbou, I convey in that poem, "Rara without Bamboo and Drum," I come to realize the trembling art tricks of influence of these two creators of the Creole Movement on my existence.

Tanbou and Banbou ask us to create for Creole to bear fruit, and they are spiritually delighted when we do.

—*Gary S. Daniel* Nèg Gonbolyen, Sosyete Koukouy, Vice-president of REK, June 8, 2021

Rara Without Bamboo And Conga

Rara without Bamboos and Conga
No Rara for me.

Everyone cries
Everyone yells
Braves crossed
The wind with no noise
Left with no tales

Rock thunder on bamboo's tempo
Spreading Congo
Sawing Nago
Dabbing Ibo
Tying Petwo

Without Bamboo and Conga
There's no Rara

Creole Movement
Responding not to dead brain
Bamboo, Kanga
Organic force
Spiritual torment you are

Jan Tanbou's shadow
Covers all sweet knots
Tying hula-hoop words
Self-limiting enlightenment
On his colored grave

Without Bamboo and Conga
There's no Rara

Yet you crossed over
But your roots are
Treading ribbons kow! Kow!
Plowing tomorrow
In our founding fathers' garden

Elders like you
Esquires François, Tutu
Activists like Ti Montreuil
Will never stop enlighten us
In humanity's darkest state of living

Without Bamboo and Conga
There's no Rara

Bamboo and Conga you're melody
In my ear's soul food
For creolization breath
Sew cooler hut
On the road to my fearless existence

Polish gems star anise
Luminous brightness of blackness
'Till angels bring sunshine
Scattered beyond infinity
Those left behind do not stumble nor fall.

Without Bamboo and Conga
There's no Rara

Haven't we talked a lot about things!
Mysteries a bunch we've debunked!
Banbou, Tanbou, Mapou,
The walls of Fort Dimanche prison
Couldn't lock up your soul's breath.

Yet your mind helps seep canards
So creole head togetherness prevails
For a better tomorrow
Of a populist creolization.
You're with me for eternity!

Rara without Tanbou, Banbou, Mapou
No Rara for me.

Pwofil otè a

Gary S. Daniel te fèt Okap Ayisyen, Ayiti. Li kòmanse etid primè li nan vil natal li epi li fini yo nan Pòtoprens. Se nan kapital la li boukle etid segondè l nan Collège Canado Haïtien. Li gen yon diplòm SUNY-Plattsburg nan Chimi ak yon Metriz nan Administrasyon nan Phoenix University. Misye pibliye plis ke sis rekèy pwezi deja epi kotize nan plizyè lòt piblikasyon. Manm Sosyete Koukouy epi Vis-Prezidan Regwoupman Ekriven Kreyòl (REK), li resevwa plak lonè nan 50 lane Sosyete Koukouy pou travay li nan pwomosyon lanng kreyòl ayisyen an.

The author's profile

Gary S. Daniel was born in Cap-Haïtien, Haiti. He started his primary school in this city and ended in Port-Au-Prince. It is in the capital of Haiti that he completed his secondary schooling at the Collège Canado-Haïtien. He has a Bachelor Degree from SUNY-Plattsburg and a Master in Business Administration from Phoenix University. Gary published more than six books of poetry and participated in the publication of many other poetry books. He is an active member of « Sosyete Koukouy » (Firefly Society) and Vice President of « Regwoupman Ekriven Kreyòl, (REK) » (Creole Writers United). Gary Daniel is the recipient of the 50th Anniversary Honor Trophy of the Firefly Society for his works and for the promotion of the Haitian Creole language.

Ernst Mirville avèk/with Gary S. Daniel.

Dyakout liv la / Table of contents

Yon powèm pou Maradona
A poem for Maradona (1960–2020) 5
    Diego (4-2-4) 5
    Diego (4-2-4) 5

Alapapòt 7
    Vèvè (3-4-2-1) 7
    Chalè (2-2-3-3) 7

Introduction. 9
    Vèvè (3-4-2-1) 9
    Hot (2-2-3-3) 9

Oun ti batbouch pou salye youn jwèt serye . 13
An Introduction to a Serious Game of Life . 15

Pwezigòl. 17
    Ti istwa Pwezi Foutbòl. 17
    Tandans powetik nan Sosyete Koukouy. 19
    Kisa "Pwezigòl" la ye? 19
    Espri (Ye) (4-2-4) 20
    Ekzalte (3-4-3) 20
    Kote gòl la!. 21
    Men, kote abit la?. 21
    Mizik (2-4-4) 22
    Kisa yon atwoutsay powetik ye?. 23
    Ranmase (4-2-4) 23
    polivize (4-3-3). 23
    Lodè (4-2-4). 24

Life Soccer Game 2 to 1. 25

Soccer Poetry................................27
   A short story of Poetry Soccer.............27
   Poetic tendencies within the Firefly Society..29
   What is "Poeticgoal"?.....................30
   Spirit (Ye) (4-2-4) 30
   Exalted (3-4-3)...........................30
   Where is the goal?........................31
   And where is the ball?....................31
   But where is the referee?.................32
   Principal rules of the game...............32
   music (2-4-4) 33
   What is a poetic outside?.................34
   Collect (4-2-4) 34
   Target (4-3-3)............................35
   Odor (4-2-4)..............................35
   Ranmase (4-2-4) 39
   Stockpiling (4-2-4).......................39
   Ekzalte (3-4-3) 40
   Exaltation (3-4-3) 40
   Tristès (3-4-3)...........................41
   Sadness (3-4-3) 41
   Malalèz (1-4-4-1).........................42
   Uneasiness (1-4-4-1) 42
   Lanmou (4-2-4) 43
   Lovemaking (4-2-4) 43
   Polivize (4-3-3)..........................44
   Polieyed (4-3-3) 44

Atakan (3-4-3) 45
Forwards (3-4-3) 45
Swaf (4-4-2) 46
Thirst (4-4-2) 46
Koupe (4-3-3) 47
Score (4-3-3) 47
Degoutans (4-2-4) 48
Repugnance (4-2-4) 48
Fyète (3-3-4) 49
Pride (3-3-4) 49
Senpa (3-3-4) 50
Amity (3-3-4) 50
Amikal (3-4-3) 51
Friendship (3-4-3) 51
Soup (3-4-3) 52
Soup (3-4-3) 52
Degou (2-3-3-2) 53
Disgust (2-3-3-2) 53
Fokis (3-4-3) 54
Focus (3-4-3) 54
Mantè (3-4-3) 55
Liar (3-4-3) 55
Filèr (3-3-4) 56
Amore (3-3-4) 56
Pasyon (3-3-4) 57
Passion (3-3-4) 57
Optimis (3-3-4) 58
Optimist (3-3-4) 58

Remò (3-3-4) 59
Regret (3-3-4) 59
Bàz (2-4-4) 60
Baz (2-4-4) 60
Poze (3-3-4) 61
Pause (3-3-4) 61
Visye (4-2-4) 62
Vice (4-2-4) 62
Respè (3-4-3) 63
Respect (3-4-3) 63
Pwòpte (3-3-4) 64
Cleanliness (3-3-4) 64
Zanmi anm (4-2-4) 65
My friend (4-2-4) 65
Lakou (3-4-3) 66
Backyard (3-4-3) 66
Bawon (3-4-3) 67
Bawon (3-4-3) 67
Moriso (3-4-3) 68
Morisseau (3-4-3) 68
Pen (3-3-4) 69
Bread (3-3-4) 69
Lajan (3-4-3) 70
Money (3-4-3) 70
Limyè (3-3-4) 71
Light (3-3-4) 71
Lanng (2-4-3-1) 72
Tongue (2-4-3-1) 72

Timoun (3-4-3) 73
Kids (3-4-3) 73
Granmoun (3-3-4) 74
Elder (3-3-4) 74
Lajenès (4-2-4) 75
Youngster (4-2-4) 75
Leta (3-3-4) 76
State (3-3-4) 76
Ayiti yo di (3-3-4) 77
Haiti they say (3-3-4) 77
Lagè (3-4-3) 78
War (3-4-3) 78
Wi! Wa! Kenbe…! (3-3-4) 79
Yes! King! Grab…! (3-3-4) 79
Replika (2-4-4) 80
Duplicate (2-4-4) 80
Gannja! (2-4-4) 81
Gannja! (2-4-4) 81
Miwa (3-4-3) 82
Mirror (3-4-3) 82
Boulèt (3-3-4) 83
Bullet (3-3-4) 83
Vwa (2-4-4) 84
Voice (2-4-4) 84
Fèy (3-3-4) 85
Leaf (3-3-4) 85
Mizik (2-4-4) 86
Music (2-4-4) 86

Zorye (4-2-4) 87
Pillow (4-2-4) 87
Poulenfimyè (3-3-4) 88
Chicnursery (3-3-4) 88
Èske n konnen? : 1 (4-3-3) 89
Do you know?: 1 (4-3-3) 89
Èske-n konnen? : 2 (4-2-4) 90
Do you know?: 2 (4-2-4) 90
Èske n konnen? : 3 (4-2-4) 91
Do you know?: 3 (4-2-4) 91
Èske-n konnen? : 4 (4-3-3) 92
Do you know?: 4 (4-3-3) 92
Swente (3-3-1-2-1) 93
Leak (2-3-3-2) 93
Nòt editè yo 95
Editors' Note 95

Nan Memwa ak Omaj
In memoriam and homage 97
  Rara san Banbou ni Tanbou. 100
  Rara Without Bamboo And Conga 104

www.ingramcontent.com/pod-product-compliance
Lightning Source LLC
Chambersburg PA
CBHW031405160426
43196CB00007B/900